JN458191

AI 영상 편집 마스터

인공지능총서

인공지능 시대입니다. 기계가 인간의 인지를 대신하고, 사물이 인간을 통하지 않고 다른 사물과 직접 커뮤니케이션합니다. 이에 따른 인간 삶과 문명 변화를 정확히 이해·예측·대응하는 것은 이 시대 우리 모두의 과제입니다. 인공지능총서는 인공지능 기술과 환경의 여러 주제를 10가지 키워드로 정리합니다. 관련 개념과 이론, 학계와 산업계의 쟁점, 우리 일상의 변화를 다룹니다. 인간과 기술의 현재, 미래를 세심히 분석합니다.

일러두기

- 인명, 작품명, 저서명, 개념어 등은 한글과 함께 괄호 안에 해당 국가의 원어를 병기했습니다.
- 외래어 표기는 현행 어문규정의 외래어표기법을 따랐습니다.

처음이세요?

전문가세요?

AI 영상 편집 마스터

박인수

대한민국, 서울, 커뮤니케이션북스, 2025

AI 영상 편집 마스터

지은이 박인수
펴낸이 박영률

초판 1쇄 펴낸날 2025년 10월 24일

커뮤니케이션북스(주)
출판 등록 2007년 8월 17일 제313-2007-000166호
02880 서울시 성북구 성북로 5-11
전화(02) 7474 001, 팩스(02) 736 5047
commbooks@commbooks.com
www.commbooks.com

ISBN 979-11-430-1252-4 03500

책값은 뒤표지에 표시되어 있습니다.

차례

손끝에서 두뇌로, 그리고 미래로

유발 하라리는 말했다.

> "인류의 역사를 바꾼 것은 발명가가 아니라, 정보를 편집할 줄 아는 사람들이다."

활판 인쇄술이 보급되었을 때 단순히 글자를 찍어 내는 기술자는 많았지만, 그 글자를 어떤 순서와 맥락으로 배열할지를 결정한 편집자가 세상의 흐름을 바꿨다. 신문의 편집자, 잡지의 편집장, 영화의 편집자…, 그들은 시대의 방향타였다.

오늘날 우리는 영상의 시대를 살고 있다. 영상 편집 마스터는 단순히 장면을 잇는 사람이 아니라, 영상이라는 언어를 사용해 시청자의 감정과 생각을 재구성하는 사람이다. 손끝의 정교한 기술로, 관객의 몰입과 감동을 설계해 왔다.

그러나 지금 우리는 거대한 변곡점 앞에 서 있다. AI는 이제 촬영 없이도 영화 같은 장면을 만들고, 성우 없이도 감정을 담은 목소리를 구현하며, 수십 명이 해야 할 후반 작업을 단 몇 분 만에 끝낸다. 이 변화 속에서 미래의 영상 편집자는 단순한 '소재 가공자'가 아니라, AI와 협업해 장면을 창조하고 서사를 설계하는 창작 설계자, 즉 AI 영상 마스터로 진화해야 한다. 현재의 영상 편집 마스터가 손끝의 예술가라면, 미래의 "AI 영상 마스터"는 두뇌의 설계자다. 기술의 숙련이 중심이던 시대에서, 사고의 설계와 스토리텔링이 중심이 되는 시대로의 전환이 이미 시작되었다. 이 책은 그 전환의 길을 안내한다.

현재의 영상 편집 마스터가 미래의 AI 영상 마스터로 진화하기 위해 필요한 사고법, 도구 활용법, 그리고 무엇보다도 스토리의 힘을 지키는 방법을 담았다. 당신이 AI를 단순한 도구로만 볼지, 아니면 새로운 창작의 파트너로 삼을지는 이제 당신의 선택에 달려 있다.

미래는 이미 도착했다. 이제 편집자는 단순히 영상을 다듬는 사람이 아니라 미래를 편집하는 사람이 될 것이다. 그리고 그 미래의 첫 세대가 바로 이 책을 읽는 당신이다.

비인간의 편집 시대, 인간은 무엇을 편집하는가?

"편집은 진실을 만드는 일이다. 때로는 현실보다 더 진짜 같은 진실을 만든다." – 스탠리 큐브릭(Stanley Kubrick)

큐브릭의 이 한마디는 지금 우리가 직면한 인공지능 시대의 영상 편집이라는 현상을 가장 선명하게 꿰뚫는다. 과거의 편집이 인간의 감각과 직관, 창의적 해석에 의존했다면, 오늘날 AI는 방대한 데이터와 알고리즘을 기반으로 전혀 다른 '진실'을 구성해 낸다. 그리고 우리는 이런 질문을 던지게 된다.

기계가 '진짜보다 더 진짜 같은' 편집을 만들어 내는 시대, 인간 편집자는 과연 어떤 진실을 다뤄야 하는가?

AI가 영상의 구성과 리듬, 심지어 시청자의 반응까지 정교하게 예측하는 지금, 오히려 인간 편집자의 역할은 더욱 명확해지고 있다. 기계가 감지하지 못하는 미묘한 감정, 의도, 서사의 결, 그 고유한 인간성의 영역은 아직 AI의 손이 닿지 못한 곳이다.

영상은 정보를 전달하지만, 편집은 그 정보를 의미와 감정의 흐름으로 전환한다. 이 지점에서 인간 편집자의 창의성과 감성, 문화적 통찰은 여전히 결정적이다. AI 시대의 프로 편집자는 단순한 기능 수행자가 아니다. 그는 윤리와 미학, 공감과 통찰이라는 인간적 요소를 설계하는 큐레이터다. AI가 구현하는 기술적 정교함 위에, 인간만의 복합적 사유와 감정의 결을 입힐 수 있을 때, 비로소 영상은 깊이를 갖게 된다. 이로써 편집은 '완벽한 스토리텔링'을 넘어 '깊은 울림'의 예술이 된다.

클릭 한 번으로 자막이 생성되고, 무음 구간이 지워지며, 영상의 구조가 자동으로 완성되는 시대,

"AI가 소스를 생성하고 편집하는 시대, 미래의 크리에이터는 무엇을 해야 하는가?"

이 책은 이 질문에서 시작되었다. 이 책은 툴 사용법을 설명하는 기술서가 아니다. 이 책이 다루는 것은 도구보다 더 근본적인 - 감각, 통찰, 전략, 의도다.

편집은 '장면을 자르고 붙이는 기술'이 아니다. 그것은 감정을 설계하고, 리듬을 구축하며, 시청자의 몰입을 조율하는 예술이다. 편집자는 화면 속에 보이지 않는 의미와 맥락을 짜는 이야기의 건축가, 감정의 조율자, 시각 언어의 전략가다.

AI가 등장함으로써 우리는 기술을 넘어선 감각과 철학의 세계로 더 깊이 들어가야 한다. 편집의 품격은 '손'이 아닌 '눈'에서 결정된다. 무엇을 남기고, 무엇을 덜어낼 것인가? 이 판단은 기술이 아니라 인간의 감각에서 출발해야 한다. AI는 많은 것을 대신할 수 있지만, 단 하나, 의미와 감정을 촘촘하고 구성지게 조합하는 미세한 감각은 인간을 대신할 수 없다.

오늘날의 영상 편집자는 더 이상 단순히 주어진 영상을 다듬는 기술자에 머물지 않는다. 이제 편집자들은 생성형 AI를 활용해 존재하지 않는 장면과 이미지를 직접 만들어 내는 창조자이자 그 소스들을 엮어 이야기를 설계하는 이야기꾼이다. AI가 제공하는 무한한 캔버스 위에서, 편집자는 필요한 컷을 만들고, 서로 다른 장면을 연결하며, 관객의 감정을 움직이는 서사를 완성한다. 이런 사람을 우리는 AI 영상 편집 마스터라 부른다. 그는 기술과 감각, 알고리즘과 인간성을 결합해 새로운 영상 문법을 창조한다.

불과 몇 년 전만 해도, 편집자는 촬영된 원본 소스에만 의존해야 했다.

카메라가 포착하지 못한 장면, 예산과 시간의 한계를 넘어서는 구도와 환경은 그저 상상 속에서만 존재했다.

그러나 오늘날 생성형 AI는 이러한 한계를 허물어 버렸다. 몇 줄의 텍스트, 한 장의 이미지, 혹은 기존 영상을 입력하는 것만으로, 편집자는 현실에 존재하지 않는 장소를 재현하고, 배우를 등장시키며, 날씨와 시간마저 조절할 수 있다. 그 결과, '소스 확보'라는 전통적 개념이 '소스 생성'으로 바뀌고 있다.

하지만 기술만으로는 충분하지 않다. AI가 만들어 낸 수많은 장면 속에서 어떤 이미지를 선택할 것인지, 그것을 어떤 순서로 배열하고, 어떤 감정의 흐름을 만들어 낼 것인지는 여전히 인간 편집자의 몫이다. AI는 강력한 도구이지만, 스토리텔링은 인간의 직관과 경험, 그리고 상상력에서 탄생한다. 결국 AI 영상 마스터는 기술을 '사용'하는 사람이 아니라, 기술을 '지휘'하는 사람이다.

앞으로의 영상 제작 환경에서, 편집자는 AI와 함께 기획자 · 감독 · 편집자의 역할을 모두 수행하게 될 것이다. 기획 단계에서 AI로 콘셉트를 시각화하고, 제작 단계에서 필요한 소스를 생성하며, 편집 단계에서 서사의 완성도를 끌어올린다. 이 책은 바로 그 여정을 안내한다. 생성형 AI를 영상 제작에 접목하고, 효율적으로 활용하며, 무엇보다 관객을 사로잡는 이야기를 만들어 내는 방법을 단계별로 제시할 것이다. 당신이 이 책을 덮을 때쯤, 단순히 '편집 기술을 익힌 사람'이 아니라, 상상력을 구현하고 서사를 완성하는 AI 영상 마스터로 거듭나게 되길 기대한다. AI가 열어 주는 무한한 창작의 시대, 이제 당신의 손끝에서 미래의 영상이 시작된다.

10대~20대, 이 책이 당신에게 주는 것

당신이 유튜브를 만들고, 쇼츠를 편집하며, 사회관계망서비스(SNS)에 감각적인 릴스를 올리고 있다면, 이미 당신은 '편집자'다. 그러나 더 알고 싶지 않은가?

AI는 어디까지 편집할 수 있을까?
나는 어떤 부분에서 AI보다 더 잘할 수 있을까?
편집 감각은 타고나는 것일까? 훈련 가능한 것일까?
내 영상은 왜 밋밋한 것일까? 어디서 감정을 놓치는 것일까?

이 책은 이 호기심에서 시작해, 이 질문에 답하는 안내서다. '왜 지금 이 컷이어야 하는가?', '왜 이 침묵이 여운을 남기는가?' 같은 섬세한 편집 감각으로 독자를 이끄는 동시에 AI를 적극적으로 활용해 더 빠르고, 전략적이며, 감각적인 편집자로 성장하는 길을 알려 준다.

이 책이 안내하는 여정

1장에서는 편집의 본질을 '감정'과 '흐름'의 언어로 다시 정의한다. 2~5장에서는 AI 도구를 이해하고, 자동화 기술을 실전에 활용하는 구체적인 전략을 제시한다. 6~9장에서는 콘텐츠 유형별 편집 전략, 감각 훈련법, 윤리적 기준을 정리한다. 10장에서는 'AI 영상 마스터'란 어떤 존재인가를 정의하며 마무리한다.

이 책은 단순한 가이드북이 아니다. 당신이 '기술을 넘어서는 편집자'로 성장하기 위한 첫 번째 훈련장이다. 편집은 더 이상 감각 좋은 숙련자의 영역이 아니다. 이제는 윤리와 감정, 철학과의 협업 시대다. AI를 도구로 다루되, 그 위에 감정을 설계하는 주체는 당신이어야 한다. 당신은 편집을 통해 메시지를 만든다. 감정을 흐르게 하고, 리듬을 조율한다. 클릭률이 아니라 울림을, 정보가 아니라 몰입을 창조하는 사람이다.

AI 시대의 진짜 편집자는 속도가 아니라 깊이를 가진 사람이다. 그는 빠르게 일하는 사람이 아니라, '왜 이 컷이 여기 있어야 하는가'를 끊임없이 묻는 사람이다. 그는 코딩이 아니라 리듬을 설계하고, 기능이 아니라 감정을, 결과가 아니라 의도를 편집한다. 이 책을 읽는 순간부터, 당신은 편집자의 길 위에 서 있다. 이 책은 당신의 편집 철학을 세우는 첫 번째 도약이 될 것이다. 마지막 책장을 덮을 때, 당신은 반드시 이렇게 묻게 될 것이다.

"나는 어떤 편집자이고 싶은가?"

이 질문이 떠오르는 순간, 당신은 이미 'AI 영상 마스터'로 향하는 여정을 시작한 것이다. 당신의 손끝과 감각 위에서 새로운 영상 언어가 시작될 것이다.

참고문헌

강정수(2024). 《AI 에이전트시대 경제의 주인이 바뀐다》. 더스퀘어.

김경달 외(2024). 《디지털 미디어 인사이트 2025: AI 에이전트가 온다》. 이은북.

김상균(2024). 《AI × 인간지능의 시대》. 베가북스.

김재인(2023). 《AI 빅뱅. 생성 인공지능과 인문학 르네상스》. 동아시아.

민지영 외(2024). 《AI 영화 제작》. 도서출판 길벗.

박인수(2023). 《편집의 신(scene)》. 다온북스.

박태웅(2023). 《박태웅의 AI 강의》. 한빛비즈.

박태웅(2024). 《박태웅의 AI 강의 2025》. 한빛비즈.

신성권 외(2022). 《10대라면 반드시 알아야 할 4차 산업혁명과 인공지능》. 팬덤북스.

유세문·정석현(2024). 《AI와 영상 제작》. 커뮤니케이션북스.

정동훈(2021). 《인공지능, 너 때는 말이야》. 넥서스.

최연미(2023). 《AI 마케팅 인사이트》. 리더스북.

최재붕(2024). 《AI 사피엔스: 전혀 다른 세상의 인류》. 쌤앤파커스.

Harari, Y. N.(2024). *Nexus: A brief history of information networks from the stone age to AI.* Random House. 유발 하라리. 《넥서스》(2024). 김명주 옮김. 김영사.

Murch, W.(2001). *In the blink of an eye: A perspective on film editing.* Silman-James Press, https://www.craftfilmschool.com/userfiles/files/Walter%20Murch%20-%20In%20the%20Blink%20of%20an%20Eye%20Revised%202nd%20Edition%20(2001%2C%20Silman-James%20Pr).pdf

Rousseau, J.-J.(1762). *Émile ou De l'éducation.* Paris, Jean Néaulme. 장 자크 루소. 《에밀》(2008. 개정판 2015). 이환 옮김. 돋을새김.

01
영상 편집, 왜 누구나 할 수 있나?

생성형 AI와 클라우드 도구의 발전으로 영상 편집이 전문가 영역에서 대중의 창작 수단으로 확장된 과정을 다룬다. 기술 장벽이 낮아진 지금, 경쟁력은 편집 기술이 아니라 기획력과 감정 · 이야기 설계에 있다.

기후 위기와 인공지능?

감정을 편집하는 자, 알고리즘을 이긴다

AI는 장면을 이해할 수는 있지만, 감정을 느끼지는 못한다. 편집은 바로 그 감정을 연결하는 예술이다.

영상 편집의 대중화, 그 의미는 무엇인가?

영상 편집은 한때 소수의 전문가만이 다룰 수 있는 고도의 전문 기술로 여겨졌다. 고가의 장비와 복잡한 소프트웨어, 오랜 훈련이 없이는 제대로 된 결과물을 만들기 어려웠기 때문이다. 그러나 지금 우리는 전혀 다른 현실에 살고 있다. 초등학생도 30초짜리 쇼츠 영상을 만들어 수백만 조회 수를 얻고, 교사와 작가, 자영업자, 심지어 비전문 분야의 일반 직장인들도 영상으로 자신의 콘텐츠를 표현하고 공유하는 시대가 열렸다. 이 변화는 단순히 기술의 확산이 아니라, '표현 방식' 자체의 대중화를 의미한다.

무엇이 이 거대한 전환을 가능케 했을까? 그 중심에는 기술의 진보와 더불어, '콘텐츠 제작 권력'의 재편이라는 사회 문화적 변화가 존재한다. 이 장에서는 크게 세 가지 흐름 — AI 기술의 도입, 도구의 민주화, 제작 관점의 전환 — 을 중심으로 그 의미를 깊이 탐색한다.

생성형 AI, 영상 편집의 정의를 바꾸다

영상 편집의 개념이 근본적으로 달라지고 있다. 인공지능 시대, 필요한 이미지와 영상 소스를 만드는 과정 자체가 곧 편집의 과정이 되고 있다. 예전에는 촬영본과 기존 자료를 가공·재구성하는 것이 편집의 전부였다면, 이제는 생성형 AI를 활용해 필요한 소스를 처음부터 만들어 내는 것이 가능해졌다.

짧은 콘텐츠를 제작한다고 해 보자. 지금은 런웨이(Runway), 피카 랩스(Pika Labs), 미드저니(Midjourney), 디아이디(D-ID) 같은 생성형 AI로 이미지와 동영상을 만들어 충분히 완성할 수 있다. 단, 퀄리티는 전적으로 제작자의 역량에 달려 있다. 영상 편집 전문가라면 AI를 통해 원하는 소스를 '입맛대로' 뽑아내는 것이 어렵지 않다. 그러나 초보자나 비전문가에게는 이야기가 다르다.

편집은 요리와 같다

요리로 비유하면, 아무리 신선하고 값비싼 재료가 있어도 핵심 레시피가 없다면 맛있는 음식을 만들 수 없다. 심지어 요리 경력이 있는 사람도 경우에 따라 맛을 망칠 수 있다. 그러나 초보자보다는 확실히 안정적인 결과를 낸다. 편집도 마찬가지다. AI가 제공하는 재료(소스)가을 크게 낮췄다. 이러한 변화는 단순한 편의성의 문제가 아니다. 영상 편집의 패러다임이 '전문 기술 중심'에서 '사용자 중심'으로 이동하고 있으며, 이제 중요한 것은 기술을 얼마나 잘 다루느냐보다 그것을 어떻게 창의적으로 활용하느냐로 옮겨 가고 있다.

클라우드 편집 툴이 영상 편집을 기술 중심에서 창의 중심으로 뒤집었다.

기획의 시대: 기술을 넘어 감동을 설계하다

AI 영상 제작 기술과 도구들은 앞으로도 지속적이고 점진적으로 발전해 나갈 것이다. 그러나 그 발전 속에서도 영상의 본질은 변하지 않는다. 영상은 단순히 기술을 다루는 작업이 아니라, 사람과 사람 사이의 감정과 메시지를 주고받는 깊이 있는 소통의 방식이다. 고품질의 영상은 정보를 어떻게 나열하느냐보다, 그 정보를 어떻게 조직하고, 어떤 흐름으로 시청자의 감정과 몰입을 이끌어 내느냐에 달려 있다. 감정을 고조시키는 순간이나 메시지를 강조하는 장면, 또는 의도적인 생략으로 여운을 남기는 연출, 이 모든 판단은 여전히 인간의 직관과 창의력에서 비롯된다.

편집 기술은 감정을 설계하는 도구이자, 이야기를 구

표 1-1. 전통적 편집 vs 생성형 AI 편집

구분	전통적 영상 편집	생성형 AI 영상 편집
작업 시작점	촬영·기존 자료 확보 후 시작	필요한 이미지·영상 소스를 AI로 생성하며 시작
핵심 역할	주어진 소스를 가공·재배치	소스를 설계·생성하고 서사에 맞춰 편집
필요 역량	컷 편집, 색 보정, 사운드, 모션그래픽 등 기술 숙련도	프롬프트 설계력, 도구 특성 이해, 서사 구조 설계
창작 자유도	원본 소스에 의존 → 제한적	상상한 장면을 직접 제작 → 자유도 높음
시간 구조	70% 기술 작업, 30% 기획	40% 소스 생성, 60% 기획·서사 설계
품질 결정 요인	원본 소스의 품질	프롬프트 설계력 + AI 도구 활용 능력
주요 도구	Premiere Pro, DaVinci Resolve, After Effects	Runway, Pika Labs, Midjourney, D-ID, ElevenLabs + 전통 편집 툴
난이도	기술 숙련에 많은 시간 소요	초보자는 원하는 결과 얻기 어려움, 전문가일수록 생산력 급상승
미래 경쟁력	숙련된 기술자의 세밀한 손길	창작 설계자, 스토리텔러의 사고력

성하는 창의적 언어다. AI는 이러한 언어를 더욱 풍성하게 표현할 수 있도록 돕는 훌륭한 조력자다. 이제 영상

편집은 기술의 힘을 빌려 감정을 전달하고 메시지를 구성하는 예술이자 우리 모두가 적극적으로 활용할 수 있는 새로운 소통의 언어가 되고 있다.

지금은 누구나 편집자가 될 수 있는 시대다. 그것이 의미를 갖기 위해서는, 깊이 있는 메시지와 진정성 있는 기획이 필수적이다. 영상 편집의 대중화는 시작일 뿐이며, 앞으로의 경쟁력은 '얼마나 쉽게 만들 수 있는가'가 아니라, '얼마나 깊이 있게 표현할 수 있는가'에 달려 있다. 이제 영상 편집은 기획의 일부가 되었으며, 기획은 단지 아이디어를 떠올리는 단계를 넘어, 스토리텔링의 구조를 설계하고, 시청자의 경험을 주도적으로 디자인하는 일로 확장되고 있다. 이는 단순한 기술 역할의 변화가 아니라, 콘텐츠 제작자라는 정체성의 근본적 재정립이라고 할 수 있다.

지금 당장 쓸 수 있는 편집 도구들

스마트폰 앱

캡컷(CapCut): AI 템플릿, 자동 자막, 모션 트래킹. 초보자도 프로처럼 보이는 결과물을 만들 수 있다.
VN 에디터(VN Editor): 타임라인 기반의 고급 편집 기능과 자연스러운 전환 효과 제공.

웹 기반 편집기

캔바 비디오(Canva Video): 소셜 미디어용 콘텐츠에 최적화된 드래그 앤드 드롭 편집.
클립챔프(Clipchamp, Microsoft): AI 음성 해설, 브랜드 키트, 무료 스톡 미디어 통합.

클라우드 기반 편집 툴

디스크립트(Descript): 영상을 워드 문서처럼 편집할 수 있는 혁신적인 인터페이스. 자동 전사, 불필요한 말 제거 기능 포함.
런웨이 ML(Runway ML): 배경 제거, 객체 삭제, 녹색 화면 없이 합성 등 차세대 비디오 마법을 실현.

참고문헌

롱제이(2025). 《마법 같은 영상 제작을 위한 스마트폰 촬영 및 편집 with 캡컷》. 시프트.

민지영 외(2024). 《AI 영화 제작》. 길벗.

박인수(2023). 《편집의 신(scene)》. 다온북스.

오상열(2025). 《동영상 편집 최강자 캡컷(쉽게 배우고 생활에 바로 쓰는)》. 아이콕스.

하지원(2023). 《비됴클래스의 유튜브 영상 편집 with 프리미어 프로》. 한빛미디어.

Murch, W.(2001). *In the blink of an eye: A perspective on film editing*. Silman-James Press, https://www.craftfilmschool.com/userfiles/files/Walter%20Murch%20-%20In%20the%20Blink%20of%20an%20Eye%20Revised%202nd%20Edition%20(2001%2C%20Silman-James%20Pr).pdf

02
손끝의 예술가에서 두뇌의 설계자로

편집을 단순한 컷 연결이 아닌 '감정의 서사'를 설계하는 기술로 정의한다. 감정과 리듬, 영상 언어의 문법을 통해 몰입을 창조하며, 이는 AI가 아닌 인간 편집자의 직관과 철학에서 완성된다.

노래하는 AI 보컬?

현재 영상 편집 마스터 vs 미래 AI 영상

AI는 흐름을 계산하지만, 여운은 남기지 못한다. 편집자는 그 여운을 설계하는 예술가다.

왜 지금 변화의 전환점인가? 몇 해 전만 해도 영화 같은 장면을 만들려면 촬영 팀, 배우, 카메라, 조명, 미술 세트를 준비하기까지 한 달이 넘는 시간이 필요했다. 하지만 이제는 런웨이나 피카 랩스에 한 줄의 프롬프트를 입력하면, 30초도 안 돼서 시네마틱한 장면이 완성된다. 일레븐랩스(ElevenLabs)로 대사를 넣으면 마치 성우가 직접 연기한 듯 감정이 살아난다. 심지어 자막, 컷 전환, 색 보정까지 AI가 자동으로 처리해 준다. 이 변화 앞에서 편집자들이 자주 던지는 질문이 있다.

"AI가 우리의 일을 대체할까?"

하지만 이 질문은 이미 시대와 어긋나 있다. 정확한 질문은 이렇다.

"편집자의 역할은 어떻게 바뀔까?"

현재의 영상 편집 마스터: 손끝의 예술가

현재의 영상 편집 마스터는 주어진 소스를 해석하고 재배치하는 데 뛰어난 능력을 가진 사람이다. 그들이 하는 일은 크게 세 단계로 나눌 수 있다.

- 소스를 해부한다

촬영된 수많은 컷 중에서 살아 있는 장면을 골라낸다.

- 감정을 조율한다

컷의 길이, 음악 타이밍, 전환 효과로 감정 곡선을 설계한다.

- 완성도를 높인다

색 보정, 사운드 믹스, 자막 디자인으로 영상의 '표정'을 만든다.

이들은 말 그대로 손끝의 예술가다. 프레임 하나, 색감 한 톤까지 조율하며 영상에 생명을 불어넣는다. 하지만 단점도 있다. 소스 의존도가 높기 때문에, 원본이 빈약하면 전체 결과물도 제약을 받는다.

미래의 AI 영상 마스터: 두뇌의 설계자

AI 시대의 편집자는 더 이상 소스를 기다리지 않는다. 필요한 장면, 이미지, 목소리를 직접 생성하고, 그 순간부터 서사의 방향성을 잡는다. 미래의 AI 영상 마스터는 이렇게 일할 것이다.

머릿속에서 장면과 감정의 흐름을 설계한다. AI에게 프롬프트로 스토리보드를 전달한다. 생성된 소스를 조합하며 리듬과 메시지를 최적화한다.

이제 중심 질문은 "무엇을 만들까?"에서 "관객이 무엇을 느끼게 할까?"로 바뀐다. 손작업에 70%를 쓰던 시간이, 기획과 설계에 70%를 쓰는 구조로 변한다.

편집이란 무엇인가: 더 이상 '받은 재료'만 다루지 않는다

예전의 편집자는 누군가 찍어 온 영상을 받아, 그 안에서 쓸 만한 장면을 고르고 배열하는 후반 작업자였다. 마치 이미 완성된 단어들을 받아 문장을 만드는 문장가처럼, 소스 자체를 바꾸는 일은 불가능했다.

하지만 이제는 상황이 완전히 달라졌다. 생성형 AI가 등장하면서, 편집자는 필요한 장면을 직접 만들어 내는 '감정 설계자'가 되었다. 원하는 분위기, 색감, 구도를 프롬프트 몇 줄로 호출하고, 빈틈을 상상력으로 채워 넣는다. 그 결과, 편집자는 스토리를 주도하는 감독에 가까운 존재가 되었다. 각 장면은 여전히 '하나의 단어'지만, 이제 그 단어를 쓰기 전, 편집자가 직접 사전(소재)을 만드는 시대다. 화면 전환 속도, 장면 간 간격, 사운드와 색감까지, 이 모든 것이 감정의 흐름을 설계하는 도구가 된다.

사례: 〈인사이드 아웃〉의 감정 구성, AI 시대 버전

픽사의 〈인사이드 아웃〉이 감정을 의인화한 캐릭터로 이야기를 풀어냈듯, 이제 편집자는 AI를 활용해 감정을 형상화한 새로운 장면을 직접 만들 수 있다. 예를 들어, "슬픔이 고조된 회색빛 도시"라는 프롬프트를 입력해 분위기 컷을 만들고, 절정 순간에 인물 클로즈업과 침묵을 배치한다. 이는 더 이상 '주어진 장면을 잘 쓰는 기술'이 아니라, 감정 자체를 빚는 창작 행위다.

감정과 리듬, 몰입을 설계하는 기술

하나의 영상이 수십, 수백 개의 장면과 사운드로 이뤄져도, 결국 관객이 기억하는 것은 감정이다. 편집자는 이 감정 곡선을 설계하는 지휘자다. 슬픔이 절정에 이를 때, 음악 대신 침묵을 선택할 수도 있다. 빠른 컷 전환으로 긴장을 유지하거나, 느린 페이드로 여운을 남길 수도 있다. 이 결정 하나하나가 리듬을 만들고, 그 리듬이 곧 몰입도를 결정한다. AI는 장면 순서를 '추천'할 수 있지만, 그 장면이 어떤 감정의 파도 위에서 더 빛날지는 여전히 인간 편집자의 몫이다.

사례: 유튜브 쇼츠 – 0초 몰입 설계

한 쇼츠 제작자는 영상 시작 0.5초 이내에 시청자의 시선을 붙잡기 위해, AI로 만든 임팩트 컷을 사용한다. 갑작스러운 표정 변화, 과감한 줌인, 예기치 못한 음향 효과, 이 모든 것이 순간 점화를 위한 감정 장치다. 이어 AI의 추천 전환 포인트를 기본 틀로 삼되, 편집자는 3초마다 의도적으로 리듬 변화를 넣어 끝까지 몰입을 유지한다.

영상 언어의 문법을 재창조하는 시대

영상에도 문법이 있다. 클로즈업은 친밀함을, 롱숏은 거리감을, 빠른 전환은 긴장감을, 느린 전환은 숙고를 표현한다. 하지만 이제 편집자는 이 문법을 단순히 이해하는 수준을 넘어 재창조한다. 왜냐하면, AI가 문법에 맞는 장면을 바로 만들어 줄 수 있기 때문이다. 편집자는 문법을 깨뜨려도 된다. 오히려 그 파격이 메시지를 더 강하게

표 2-1. AI 이전과 AI 시대 편집자 비교

구분	AI 이전의 편집자	AI 시대의 편집자
소스 확보 방식	촬영팀·제작팀이 제공한 영상 소스만 활용	생성형 AI로 필요한 장면·이미지·효과를 직접 생성
작업 역할	주어진 장면을 고르고 배열하는 후반 작업자	스토리를 설계하고 필요한 소스를 만드는 창작 지휘자
감정 설계	기존 장면 안에서 감정을 극대화	감정 톤에 맞는 장면을 AI로 생성해 리듬과 곡선 설계
영상 문법	촬영된 컷의 문법에 의존	문법을 재해석·파괴하며 새로운 시각 언어 창조
작업 한계	촬영 환경, 자료, 예산 제약	상상력과 프롬프트 설계 능력에 따라 무제한 확장
스토리 주도권	촬영된 현실을 편집해 해석	현실·가상 모두 편집자가 직접 창조하고 조율
핵심 역량	컷 선택과 리듬 감각	프롬프트 설계력, 감정 설계, 기술-창의 융합
작품 결과물	'주어진 이야기'의 완성본	편집자가 상상한 이야기의 완결된 창작물

만들 수 있다.

사례: 〈오펜하이머〉: 시간의 문법 해체, AI 응용 버전

크리스토퍼 놀런 감독이 시간의 순서를 뒤섞어 주인공의 내면을 표현했듯, 오늘날 편집자는 AI를 통해 시간과 공간의 규칙을 완전히 새로 쓰는 장면을 생성할 수 있다. 흑백에서 컬러로 바뀌는 순간을 AI에게 구체적으로 묘사하게 해, 감정의 변곡점을 시각적으로 '발명'하는 것이다. 이렇게 되면 시간의 순서가 아니라 감정의 순서가 이야기의 축이 된다.

AI 시대 편집자의 필수 역량 다섯 가지

1. 프롬프트 설계력: 원하는 장면의 분위기, 감정, 리듬, 구도를 언어로 구체적으로 표현하는 능력(예: "따뜻한 노을빛, 느린 카메라 패닝, 여백이 많은 구성").
2. 감정 곡선 설계력: 스토리의 초반-중반-절정-여운을 감정 중심으로 구상하고, AI 소스를 흐름에 맞게 배치.
3. 영상 문법 재해석 능력: 기존 문법에 얽매이지 않고, 시간 · 공간 · 구도를 자유롭게 변형(예: 시간 순서를 뒤섞어 감정선을 먼저 보여 주는 구조).
4. 기술-창의 융합 능력: AI 툴의 기능을 이해하고, 창의적 의도에 맞게 활용.
5. 윤리적 판단력: AI 생성 장면의 사실성 · 저작권 · 감정 조작 가능성을 판단하고, 진실과 의미를 선택.

과거의 편집자는 제공된 재료를 최대한 잘 쓰는 요리사였다. 이제의 편집자는 필요한 재료를 직접 만드는 셰

프이자, 메뉴를 기획하는 연출자다. AI가 재료를 만들어 주고, 편집자가 감정과 리듬을 입힌다. 그 결과물은 더 이상 '편집본'이 아니라, 감정을 설계한 하나의 완결된 작품이다. 편집은 더 이상 '무엇을 보여 줄까'에서 멈추지 않는다. 이제는 '어떻게 느끼게 할까'와 '그 감정을 어떻게 만들어 낼까'가 편집의 중심이 되었다. 그리고 그 감정의 방향타를 쥔 사람, 그가 바로 주도적 감정 조율자로서의 편집자다.

참고문헌

김세원(2024). 《생성형 AI 영상 제작》. 책바세.

박인수(2023). 《편집의 신(scene)》. 다온북스.

진승현(2025). 《AI와 영상 제작의 방법》. 커뮤니케이션북스.

홍순성(2024). 《7가지 생성 AI로 영상 제작&편집하기 with 챗GPT&미드저니&런웨이》. 한빛미디어.

Block, B.(2020). *The visual story: Creating the visual structure of film, tv, and digital media.* Routledge.

Harari, Y. N.(2024). *Nexus: A brief history of information networks from the stone age to AI.* Random House. 유발 하라리. 《넥서스》(2024). 김명주 옮김. 김영사.

Murch, W.(2001). *In the blink of an eye: A perspective on film editing.* Silman-James Press, https://www.craftfilmschool.com/userfiles/files/Walter%20Murch%20-%20In%20the%20Blink%20of%20an%20Eye%20Revised%202nd%20Edition%20(2001%2C%20Silman-Ja mes%20Pr).pdf

03
생성형 AI와 영상 편집의 원리

생성형 AI가 패턴 학습과 예측을 통해 편집 초안을 제안하는 '창작 파트너'로 진화했음을 다룬다. AI는 흐름을 시각화하지만, 의미와 맥락을 부여하는 최종 결정은 인간 편집자의 몫이다.

인공지능과 편향?

리듬은 말보다 빠르다: 감정의 시간성을 편집하는 기술

영상의 시간은 초 단위로 흐르지 않는다. 감정의 호흡으로 흐른다.

생성형 AI의 핵심 작동 원리

생성형 AI는 단순히 작업을 '자동화'하는 도구가 아니라, 창작 과정의 파트너로 진화하고 있다. 핵심은 예측(prediction)과 패턴(pattern)이다. AI는 방대한 데이터를 학습해 반복되는 특징과 흐름을 파악하고, 요청에 맞춰 다음에 나올 가능성이 높은 요소를 예측 · 생성한다.

예를 들어, 음악에서는 수많은 멜로디 · 화성을 학습해 특정 분위기에 어울리는 다음 음을 예측한다. 영상에서는 리듬 · 전환 · 자막 배치 등 편집적 전형성을 학습하여 최적의 결과를 제안한다. 이는 단순 모방이 아닌 패턴 기반 통계적 추론이다. 하지만 AI가 만들어 내는 것은 어디까지나 통계적으로 '가능성 높은' 결과일 뿐, 의미와 해석은 인간 편집자의 역할로 남는다.

사례: 런웨이의 텍스트 기반 편집 기능

런웨이(Runway)는 "이 장면에 부드러운 패딩을 추가해 줘"라는 지시를 시각적 편집으로 구현한다. 이는 수많은 사례에서 평균적 미감을 추출해 가장 자연스러운 결과를 제시하는 과정이다. 즉, 창작자가 언어로 표현한 감정을 시각적 리듬으로 번역하는 장치가 되는 것이다. AI는 무한히 초안을 생성하는 엔진이고, 인간은 그중에서 의미를 정제하고 감정을 부여하는 최종 선택자가 된다.

이러한 기능은 단순히 편집 시간을 줄이는 것 이상의 의미가 있다. 편집자가 아이디어를 시각화하는 과정에서 즉각적인 피드백 루프를 형성해, 기존에는 상상 속에서만 가능하던 편집적 실험을 실제 장면으로 빠르게 시험할 수 있게 한다.

영상 편집과 생성형 AI의 만남

AI는 단순히 작업 방식을 바꾸는 것이 아니라 사고방식의 전환을 요구한다. 과거에는 사람이 컷을 직접 배치했지만, 이제는 프롬프트로 의도를 언어화해 AI가 흐름을 제안한다. 이는 "AI가 대신 편집"하는 것이 아니라, 편집자가 더 깊은 사고와 선택을 하는 구조를 만든다. 인간 편집자는 이제 단순한 손기술자가 아니라, 감정 설계자이자 전략적 큐레이터로서의 정체성을 강화하게 된다.

사례: 템플릿 기반 자동 편집 vs 맞춤형 프롬프트 활용

템플릿 자동 편집은 '기성복'처럼 무난하지만 개성이 부족하다. 반면, 정교한 프롬프트는 맞춤 재단된 편집 결과를 만든다. 예를 들어 "10대 여성 타깃, 유쾌한 톤, 감정 고조는 15초 전후"라는 조건은 AI가 감정 곡선에 맞춘 편집 흐름을 제안하도록 한다. 음악, 색감, 자막 타이밍까지 하나의 리듬으로 묶여 설계된다. 결국 프롬프트 작성 능력이 곧 편집자의 전략적 사고 역량이 된다.

여기에 중요한 것은 단순히 조건을 나열하는 것이 아니라, 맥락을 담은 언어를 사용하는 것이다. 예컨대 "밝은 톤" 대신 "햇살 가득한 공원에서 들려오는 청량감 같은 톤"이라고 요청하면, AI는 훨씬 세밀한 결과를 생성할 수 있다.

영상 제작의 흐름을 바꾸는 패러다임

기존 제작 흐름은 기획 → 촬영 → 편집 → 수정의 선형 구조였다. 그러나 AI는 기획 단계에서 먼저 편집 · 톤을 시뮬레이션하고, 그 결과에 맞춰 촬영을 거꾸로 설계할 수 있다. 이제 편집은 마지막이 아니라 처음이 된다. 이는 단순한 효율성의 문제가 아니라 창작 전략의 재편성을 의미한다.

예를 들어, 뮤직비디오를 제작할 때 AI로 먼저 전체 리듬과 색감을 시뮬레이션한 후, 이에 맞춰 촬영 장소, 카메라 무빙, 배우의 동선을 결정할 수 있다. 이렇게 되면 불필요한 장면 촬영을 줄이고, 최종 톤에 맞는 컷만 집중적으로 제작할 수 있다.

사례: 프리비즈와 AI 영상 합성

과거 영화 제작에서 '프리비즈(previsualization, 사전 시각화)'는 고가의 전문 작업이었다. 이제는 AI 툴이 시나리오를 입력받고, 장면 구도와 색감, 리듬까지 예측해 프리비즈 영상을 자동 생성한다. 이를 바탕으로 감독은 촬영 전 구도, 감정 톤, 편집 흐름까지 사전 검토하며 전략을 수립할 수 있다. 편집이 후반 작업이 아닌 창작의 핵심 시점이 된 것이다.

이 장의 핵심 메시지는 명확하다. 생성형 AI는 편집을 '자동화'하는 것이 아니라, 편집자의 사고를 시각화하는 도구로 발전하고 있다. 패턴을 학습한 AI는 '창조적 상상력'을 갖고 있지 않다. 새로운 연결을 찾고 맥락을 부여하는 것은 오직 인간의 역할이다. 기술이 발전할수록 편집자는 더욱더 철학적 질문을 던져야 한다. "어떤 장면이 효과적인가?"가 아니라, "어떤 장면이 인간에게 의미 있는가?"

참고문헌

김환(2025). 《생성AI로 완성하는 차세대 영상 제작》. 작가와.
이상민 외(2025). 《정말 쉽게 PC 캡컷으로 숏폼 영상 만들기》. 정림벤처.

04
AI 영상 편집 도구 총정리

디스크립트, 런웨이, 픽토리 등 주요 AI 영상 편집 툴의 특징과 활용 전략을 다룬다. 도구는 편집자의 감정 · 서사 · 철학을 구현하는 파트너로, 프롬프트 설계와 인간-기계 협업이 완성도를 결정한다.

청각장애인과 AI?

침묵의 장면: 감정은 여백에서 피어난다

보여 주는 것이 전부는 아니다. 때로는 보여 주지 않는 것이 더 많은 감정을 말해 준다.

디스크립트, 런웨이, 픽토리 등 주요 툴 소개

디스크립트(Descript): 텍스트 기반 편집의 혁신이라 불리는 디스크립트는 영상 기록을 자동으로 텍스트화해, 텍스트를 수정하듯 영상과 음성을 편집할 수 있게 설계된 도구다. 말의 흐름을 단어 단위로 다루며, 필러(filler) 단어 제거, AI 기반 음성 클론(Overdub), 자막 생성, 눈맞춤 보정 기능까지 갖추고 있어, 인터뷰 · 강의 · 팟캐스트 중심 콘텐츠 제작자에게 매우 효과적이다.

런웨이 ML(Runway ML): 30여 개의 AI 편집 툴을 통합한 고급 플랫폼으로, 텍스트 기반의 영상 생성(Gen-2), 이미지→영상 변환, 배경 제거, 슬로 모션, 모션 트래킹, 합성 등 시각적 실험을 다양하게 시도할 수 있다. 창작자 및 전문가들이 상상력을 시각화하는 데 적합한 도구다.

픽토리(Pictory): 텍스트 기반 콘텐츠(블로그, 기사, 대본 등)를 자동으로 영상으로 전환하는 데 최적화된 도구다. 입력된 글을 분석해 적합한 영상과 배경 음악(BGM)을 배치하고, 유튜브 · SNS용 자동 크기 조정, 장면별 편집 인터페이스를 갖추고 있다. 마케팅 콘텐츠나 블로그 중심 콘텐츠를 영상으로 재가공할 때 빠르고 효율적인 결과를 제공한다.

디스크립트 주요 강점 및 특징

텍스트처럼 편집, 음성 복제, 오디오 정제, 자막 생성, 멀티트랙 편집 가능.

적합한 콘텐츠 유형: 팟캐스트, 인터뷰, 스크립트 기반 강의 · 유튜브.

픽토리 주요 강점 및 특징

텍스트를 자동으로 영상으로 변환, 장면 구성 자동화, SNS용 크기 최적화 등 콘텐츠 재활용 중심.

적합한 콘텐츠 유형: SNS 짧은 영상, 블로그 콘텐츠 마케팅.

런웨이 ML 주요 강점 및 특징

텍스트에서 영상 생성, 시각 효과 실험, 이미지→영상 변환, 고급 합성 기능.

적합한 콘텐츠 유형: 창작 중심 실험 영상, 예술적 프로젝트, 광고 효과 제작.

각 툴은 자동화와 인간의 개입 정도가 다르다. 디스크립트는 정밀 편집과 언어 기반 흐름에, 픽토리는 콘텐츠의 재활용 속도에, 런웨이는 시각적 창의력과 실험적 이미지 제작에 초점이 맞춰져 있다.

작업 유형별 도구 선택 전략

대화 중심 스피치·인터뷰 콘텐츠 제작 → 디스크립트

텍스트 편집처럼 영상과 음성을 다루며 직관적인 흐름 조정이 가능해, 발언 클립 편집이나 음성 클린업에 탁월하다. 음성 클론 기능으로 녹음 오류를 수정할 수 있고, 클립 기반 협업도 제공한다.

기존 글(블로그, 기사)을 빠르게 영상으로 전환하는 콘텐츠 마케팅 → 픽토리

손쉽게 텍스트를 기반으로 영상 시퀀스를 구성하고, SNS 형태에 맞는 리사이징까지 자동 지원한다. 적은 시간으로 높은 생산성을 원하는 팀에 알맞다.

시각 실험, 효과 중심의 프리비즈 혹은 크리에이티브 콘텐츠 제작 → 런웨이 ML

텍스트나 이미지 프롬프트로 비주얼 콘셉트를 빠르게 시각화하고, 고급 AI 기반 특수 효과를 적용할 수 있는 유연성이 뛰어나다.

인문적 관점에서 본 도구 활용 철학

AI 도구는 단순한 도구가 아닌 창작 사고를 확장하는 파트너다. 각 툴은 편집자가 빚어내고자 하는 감정 흐름, 서사 전략, 시각 스타일을 구체화하기 위한 '첫 초안 도구'로 활용될 수 있다.

예를 들어, 디스크립트의 텍스트 편집을 통해 인터뷰나 대화의 흐름을 정제할 때, 중요한 것은 "왜 이 단어를 삭제하거나 강조하는가?"라는 편집자의 사유다. 픽토리는 콘텐츠를 자동 구조로 담을 수 있지만, 그 안의 마디마다 메시지의 강약을 조율하는 것은 인간의 몫이다. 런웨이는 시각 패턴을 창출하지만, 어떤 시각 효과가 메시지에 의미와 감정을 전달하는지 판단하는 것은 역시 인간이다. AI를 협력자로 여길 때, 결과물은 기술의 자동화가 아니라 편집자의 의도, 감각, 전략, 윤리가 깃든 작품이 된다.

프롬프트 설계 전략: 기술을 감각으로 번역하기

AI는 질문에 따라 반응한다. 즉 프롬프트가 얼마나 정교한가에 따라 편집의 방향과 결과가 달라진다. 프롬프트는 단순한 명령이 아니라, 편집자의 시선과 전략을 번역한 언어가 되어야 한다.

효과적인 프롬프트 설계의 원칙

명확한 톤 제시: 예) "10대 여성을 위한 유쾌한 분위기, 트렌디한 색감".

시간과 감정 구간 지정: 예) "15초에서 20초 사이 감정을 고조시킬 음악 삽입".

시청자 타깃 명시: 예) "해외여행에 관심 있는 30대 직장인 대상".

형식과 채널 고려: 예) "인스타그램 릴스용 세로형, 자막은 중간 하단 정렬".

실전 예시(런웨이 프롬프트):

"여름 해변에서 감성 브이로그 스타일 영상. 따뜻한 색조, 초반 5초는 카메라 흔들리는 듯한 자연스러운 이동, 중간에 느린 줌인, 마지막에 텍스트 '다시 그곳으로' 삽입."

이처럼 기술 명령어가 아닌 영상 미학 언어로 프롬프트를 설계해야 한다. 감정, 흐름, 대상, 매체까지 고려한 설계가 곧 편집자의 철학을 반영한다.

협업 워크플로: 인간-기계의 공존 방식

AI 도구는 '혼자만의 작업 공간'이 아니라, 팀 협업의 도구로 진화하고 있다.

특히 콘텐츠 마케팅, 유튜브 채널, 브랜드 영상 제작처럼 반복적인 작업이 많은 경우, AI는 초안을 빠르게 제공하고, 인간은 디테일을 조율하는 방식이 효율적이다.

협업형 워크플로 예시(디스크립트 기반):

기획자가 초벌 대본 입력 → 디스크립트가 자동 편집 영상 초안 생성.

편집자가 컷 흐름, 음성, 자막 위치를 디테일 조율.

마케터가 타깃별 A/B 테스트용 다른 버전 요청 → 프롬프트 재입력으로 빠른 변형 생성.

피드백 회의에서 영상 확인 후 수정 사항을 디스크립트에서 협업 노트로 공유.

AI는 반복과 정렬을, 인간은 감정과 판단을 담당한다. 역할 분담이 명확할수록 생산성과 완성도가 함께 올라간다.

데모 사례 중심 실전 활용법

다음은 툴별로 적용 가능한 실제 작업 흐름 시나리오다.

디스크립트 데모 예시: 인터뷰 콘텐츠 편집

목표: 15분 분량 인터뷰에서 핵심 3분 하이라이트 추출.

작업 흐름:

전체 음성 자동 텍스트화.

중요한 키워드 입력(예: "가족", "도전", "성공").

해당 키워드가 등장하는 문장을 중심으로 편집 구간 자동 추출.

자막 자동 생성, 말 더듬음 및 침묵 자동 제거.

음성 클론으로 음성 보정 후 내보내기

픽토리 데모 예시: 블로그 → 홍보 영상

목표: 블로그 글을 60초 SNS 영상으로 제작.

작업 흐름:

블로그 URL 입력 → 자동 스크립트 추출.

픽토리가 장면 분할 및 스톡 영상 매칭.
배경 음악 선택, 로고 삽입, 영상 크기 설정(인스타 릴스용 세로형).
프리뷰 확인 후 감정 리듬 맞춰 음악과 자막 위치 미세 조정.

런웨이 데모 예시: 크리에이티브 비주얼 제작
목표: 브랜드 광고용 몽환적 콘셉트 영상 제작.
작업 흐름:
텍스트 프롬프트 입력(예: "구름 위를 걷는 듯한 여인의 실루엣, 느린 모션, 파란 안개").
이미지 또는 영상 프레임 업로드 → 스타일 보정.
시각 효과 합성, 색 보정 AI 필터 적용.
감정 곡선에 맞춰 편집 타이밍 재조정.
데모 영상 완성 후 피드백 기반 수정.

AI 영상 편집 도구는 기능을 넘어, 편집자의 감각을 확장하는 사고의 프레임이다. 효율성은 일부일 뿐, 진짜 목적은 감정 설계와 메시지 전달의 완성도다. 좋은 프롬프트는 질문이자 선언이다. 협업은 기계와 인간이 각자의 역할을 정확히 인지할 때 비로소 예술에 가까워진다.

기술을 안다는 것은 그 기술을 어떻게 쓸 것인가를 스스로 정의할 수 있음을 의미한다. 당신이 선택한 도구는 이제 당신의 서사와 감정, 철학을 연장(延長)하는 새로운 도구가 될 것이다.

참고문헌

김환(2025). 《생성AI로 완성하는 차세대 영상 제작》. 작가와.

이상민 외(2025). 《정말 쉽게 PC 캡컷으로 숏폼 영상 만들기》. 정림벤처.

최재용 외(2024). 《AI로 CF 영상 제작 비법》. 두온교육.

05
자동화: 반복은 기계에게, 창의는 내게

자동 자막 · 음성 인식 등 AI 자동화가 편집의 반복 작업을 줄여 효율을 높이지만, 감정 · 맥락 · 창의성은 여전히 인간의 몫임을 강조한다. 기계는 속도를, 인간은 의미를 만든다.

AI 콘텐츠 크리에이터?

편집은 단순한 순서의 배열이 아니라 감정의 흐름을 설계하는 일이다.

자동 자막 생성과 음성 인식 기술

AI 영상 편집에서 가장 직관적인 변화 중 하나는 자막 생성과 음성 인식의 자동화다. 과거에는 인터뷰나 강의 콘텐츠 하나를 편집하려면 수동으로 대사를 받아 적고 자막을 입력하는 데만 수 시간이 소요됐다. 이 과정은 단순 반복적이지만 필수적인 작업이었기 때문에, 많은 편집자들에게 '가장 지루하면서도 빼놓을 수 없는 단계'로 여겨졌다. 그러나 이제는 AI가 실시간으로 음성을 분석해 정확도 높은 자막을 자동으로 생성한다. 말의 흐름을 따라 텍스트가 실시간으로 나타나고, 단어 하나의 위치까지 조정할 수 있다. 이는 단순한 편리함을 넘어서, 영상 제작 프로세스의 속도와 효율성을 완전히 바꾸는 기술적 도약이다.

자동 자막 생성은 특히 다국어 콘텐츠 제작에서 혁신적인 역할을 한다. 글로벌 유튜버나 온라인 강의 제작자는 하나의 콘텐츠를 여러 언어로 동시에 배포할 수 있게 되었다. AI는 원어 음성을 인식하고 번역 자막을 생성해, 더 넓은 시청자층에 도달할 수 있도록 돕는다. 다만 이 과정에서 문화적 맥락이나 미묘한 뉘앙스가 손실될 수 있다는 점에서, 여전히 인간 번역가의 감수는 필요하다.

사례: 디스크립트의 자동 자막 & 오버더브 기능

디스크립트(Descript)는 음성을 자동 텍스트화할 뿐 아니라, 그 텍스트를 문서처럼 편집하면 영상까지 동시에 바뀐다. 잘못 말한 부분이 있으면 타이핑만으로 교정할 수 있고, 심지어 AI가 본인의 목소리 톤으로 자연스럽게 이어 주는 '오버더브(Overdub)' 기능까지 지원한다. 이는 단순히 오디오를 편집하는 것을 넘어, 음성의 의미 단위를 다루는 새로운 방식이다.

예를 들어, 인터뷰 중 한 인물이 특정 단어를 틀리게 발음했다면 과거에는 재녹음을 해야 했지만, 이제는 텍스트에서 해당 단어를 수정하는 것만으로 AI가 동일한 목소리 톤으로 그 단어를 삽입한다. 이 기능은 콘텐츠 제작자가 반복적인 재작업에서 해방되었음을 뜻한다. 그러나 주의할 점은, AI가 아무리 정교해도 화자의 실제 감정과 의도를 100% 재현하지는 못한다는 것이다. '발음'은 교정할 수 있어도, 말에 담긴 '의도와 진심'은 인간의 몫으로 남아 있다.

텍스트 기반 편집, 음성 기반 컷 분석

텍스트 기반 편집은 단순한 편의 기능이 아니다. 이는 영상 언어를 언어적 사고로 전환하는 방식이다. 사람은 말의 흐름 속에서 핵심을 인식하고 구조를 만든다. AI 역시 이 흐름을 추적하며 특정 키워드를 중심으로 컷을 정리하거나, 의미의 밀도에 따라 장면을 나눌 수 있다.

예를 들어, 다큐멘터리 편집자는 인터뷰 원고에서 "핵심 키워드"를 먼저 표시하고, AI는 해당 단어가 등장하는 지점을 자동으로 추출해 컷을 모아 준다. 이는 편집자가 장시간 영상을 처음부터 끝까지 수동으로 훑어보는 수고를 줄여 준다. 더 나아가, 음성의 억양 · 강세 · 속도 같은 요소를 분석해 '감정이 고조되는 순간'을 감지하는 기능도 점차 발전하고 있다.

사례: 음성 기반 하이라이트 자동 추출

디스크립트, 와이즈컷(Wisecut) 같은 도구는 음성의 맥락을 인식해 하이라이트 구간을 자동으로 제안한다. 예를 들어, 발표자가 "내가 진짜 힘들었던 순간은요…"라고 말하는 장면이 있다면, AI는 이 구간을 클립의 중심으로 잡고 컷을 구성한다. 음성의 톤 변화, 감정적 단어, 일시적인 침묵 등도 하이라이트 인식의 기준으로 활용된다.

이 기능은 특히 가편집(Rough Cut Edit) 단계에서 탁월하다. 긴 원본 영상에서 핵심 장면을 빠르게 추려내 초안을 만드는 데 걸리는 시간을 획기적으로 단축한다. 하지만 이 역시 한계가 존재한다. AI는 '언제 말했다'는 사실은 파악할 수 있어도, '왜 그 순간이 중요한지'는 알지 못한다. 침묵 속의 긴장, 눈빛의 흔들림, 맥락 속의 의미는 인간 편집자의 직관이 아니면 읽어 낼 수 없다.

자동화 기능의 장단점

자동화의 장점은 명확하다. 시간을 획기적으로 단축한다. 실수 없는 반복 작업을 대신 맡길 수 있다. 대량의 콘텐츠를 빠르게 가공해 내는 데 강점을 가진다. 그러나 이러한 장점은 동시에 한계를 내포한다. AI는 항상 전형성 안에서 작동하기 때문에, 낯설고 파격적인 흐름이나 예외적인 감정을 포착하지 못한다. 결과적으로 자동화된 편집은 익숙하지만 무난한 결과로 귀결되기 쉽다.

따라서 편집자는 이러한 자동화 기능을 단순히 '완성본'으로 받아들이는 것이 아니라, '재료'로 활용해야 한다. 진짜 창의성은 AI가 제안한 흐름을 일부러 깨뜨릴 때 드러난다. 전형적인 리듬을 뒤엎고, 자동화된 결과물에 인간적 감각을 더해 새로운 전환을 만들어야 한다. 음악의 박자가 규칙적일 때 일부러 쉬어 가거나 엇박을 넣는 것처럼, 편집에서도 의도적인 변주가 감정을 더 강렬하게 만든다.

창의성을 보완하기 위한 전략

자동 생성물은 초안일 뿐이다. 완성본이 아니라, 편집자가 다듬을 재료로 받아들여야 한다.

의도적 파괴: AI가 제안한 흐름을 그대로 쓰지 말고 일부러 비틀거나 무너뜨려 본다.

맥락 입히기: 컷 사이의 의미 연결, 음악과 화면의 리듬 조율, 침묵의 활용은 인간만이 할 수 있는 영역이다.

감정적 미세 조율: 같은 대사라도 어느 순간에 배치하느냐에 따라 감정의 무게가 달라진다. 이는 인간의 직관이 결정한다.

편집자의 시대는 끝나지 않았다

편집자는 이제 단순히 컷을 자르고 붙이는 노동자가 아니다. 기계에게 맡길 것과 스스로 해야 할 것을 분별할 줄 아는 사람이다. 자동화는 도구가 되었고, 인간은 디렉터이자 큐레이터가 되어야 한다. 편집이란 "이 컷을 왜 쓰는가?"에 대한 철학적 행위이기 때문이다.

기계는 반복을 잘한다. 인간은 질문을 잘한다. 기계는 속도를 낸다. 인간은 의미를 만든다. 그리고 그 의미가 편집에 깃들 때, 비로소 그것은 단순한 기계의 결과가 아니라, 당신의 작품이 된다. 이 지점에서 인간과 AI의 협업은 단순한 효율성을 넘어, 새로운 창작의 장을 여는 것이다.

참고문헌

앤미디어(2023). 《챗GPT & AI 활용법》. 성안당.

채수창(2025). 《숏폼 영상 편집 제작 및 수익 창출 with 캡컷·생성형 AI》. 앤써북.

Turow, J.(2021). *The voice catchers: How marketers listen in to exploit your feelings, your privacy, and your wallet.* Yale University Press. 정혜윤 옮김(2022). 《보이스 캐처》. 미래의창.

06
텍스트로 영상을 만드는 시대

텍스트 프롬프트로 영상을 생성하는 시대를 다룬다. 언어 감각이 곧 영상 감각이 되며, 픽토리와 런웨이 젠-2는 정보형 · 상상형 영상 제작에 각각 강점을 가진다. 의미와 감정 설계는 여전히 인간의 몫이다.

AI와 민주주의?

조합은 전략이다: 감정을 설계하는 AI 도구 활용법

하나의 툴이 모든 걸 해결하진 못한다. 하지만 올바른 조합은 감정을 완성한다. 영상은 단순한 장면의 연속이 아니라, 정서적 파동을 설계하는 예술이다. 각 툴은 특정 영역에서 강점을 가지며, 편집자는 이를 전략적으로 조합해 감정의 호흡과 흐름을 빚어내야 한다.

텍스트 프롬프트 기반 영상 제작 이해

한 시대의 기술은 그 시대의 상상 방식을 바꾼다. 카메라가 등장했을 때 우리는 현실을 '기록'하는 방식을 배웠고, 디지털 편집은 영상을 '재구성'하는 방식을 바꿨다. 이제 우리는 영상을 '찍는 것'이 아니라, '묘사하는 것'만으로도 만들어 낼 수 있는 시대에 들어섰다.

"눈부신 햇살 아래, 한 여인이 천천히 웃으며 걷는다"라는 한 줄의 문장은 몇 초 후 화면 속 이미지로 구현된다. 단순한 장면 묘사가 즉각 시각화되는 경험은 창작자에게 새로운 사고 전환을 요구한다.

이 기술은 단순한 번역이 아니다. 프롬프트에 담긴 의도, 분위기, 맥락, 상징까지 해석하고, 이를 기반으로 새로운 영상을 합성하려는 시도다. 따라서 편집자는 이제 장면을 직접 촬영하거나 구성하기보다, 언어를 통해 '장면을 상상하게 만드는' 기술자로 진화해야 한다.

사례: 런웨이 젠-2

런웨이 젠-2(Runway Gen-2)는 "a serene rainy street in Seoul at night"라는 짧은 문장만으로, 서울의 빗물 번지는 거리, 네온사인의 반사, 인물의 실루엣, 그리고 카메라가 비를 따라 흘러가는 듯한 움직임까지 구현한다. 이는 단순한 이미지 합성이 아니라, 언어 속 정서를 화면의 리듬과 톤으로 옮기는 작업이다.

이 사례는 곧 언어 감각이 곧 영상 감각이 되는 시대가 도래했음을 보여 준다. 표현력이 풍부한 문장을 구사할수록 더 섬세하고 감정적인 결과물을 얻을 수 있다는 점에서, 영상 제작자의 언어적 상상력이 곧 시각적 창의성으로 직결된다.

픽토리, 런웨이 젠-2 활용법

영상 제작 도구는 이제 '무엇을 할 수 있는가'보다 '어떻게 상상하느냐'를 묻는다. 그 중심에 있는 두 도구, 픽토리(Pictory)와 런웨이 젠-2(Runway Gen-2)는 서로 다른 목적과 문법을 가진다. 전자는 정보 기반 콘텐츠의 논리적 전달에 강점이 있고, 후자는 창작자의 심상을 감각적으로 시각화하는 데 탁월하다.

픽토리: 정보 기반 콘텐츠의 영상화 도구

사용자는 기사, 블로그, 대본 등 텍스트 자료를 입력한다. 픽토리는 이를 자동으로 분해해 장면을 나누고, 관련 스톡 영상을 매칭하며, 자막과 음악까지 자동으로 삽입한다. 마치 글의 구조를 영상적 내러티브로 번역하는 셈이다.

활용 전략:

- 마케팅 콘텐츠, 정보성 영상, 교육 콘텐츠에 이상적.
- 스크립트의 핵심 메시지를 중심으로 컷 분할 기준을 명확히 설정할 것.
- 자동 결과에 반드시 감정 리듬과 색감 톤을 수작업 보정해야 완성도가 높아진다.

런웨이 젠-2: 상상 기반 영상의 시각화 도구

사용자는 감정, 분위기, 상황을 묘사한 프롬프트를 입력한다. 젠-2는 장면 구성, 움직임, 색조, 심지어 카메라 워크까지 자동 생성한다. 즉, 창작자의 '심상'을 시각적 흐름으로 옮기는 데 탁월하다.

활용 전략:
- 브랜딩 영상, 뮤직비디오, 감성 광고, 아트 콘텐츠에 적합.
- 명사 중심이 아닌, 형용사와 동사를 적극 활용한 프롬프트 설계가 중요.
- "강렬한 붉은 조명 아래 천천히 도는 카메라"처럼, 감정적 언어로 조율할 것.

조합 전략: 툴 믹싱의 예술

픽토리와 런웨이 젠-2는 서로 보완적이다. 픽토리가 제공하는 '논리적 구조' 위에 런웨이가 만든 '감정적 질감'을 덧입히면, 정보성과 감성이 균형을 이루는 완성도 높은 영상이 탄생한다.

예를 들어, 기업 홍보 영상을 제작할 때 픽토리로 브랜드의 메시지와 구조를 담아내고, 런웨이로 그 메시지에 감정적 장면을 입히면 논리와 감정이 동시에 살아난다. 교육 영상 역시 픽토리로 기본 골격을 만든 뒤, 중요한 메시지 부분은 런웨이로 감각적 전환 장면을 삽입하면 학습 효과와 몰입감을 동시에 높일 수 있다.

이처럼 도구의 조합은 곧 전략이다. 단일 툴만으로는

감정적 완성도를 담보할 수 없으며, 각각의 강점을 조율해 감정의 호흡을 설계해야 한다.

생성형 인터페이스의 미래와 제작자의 역할

텍스트 기반 영상 생성은 단순한 기술 혁신이 아니라, 창작자의 정체성을 재정의하는 사건이다. 기존에는 카메라가 현실을 포착했다면, 이제 언어가 '가능한 현실'을 생성한다. 이는 마치 영화가 연극을 넘어섰을 때와 유사한 패러다임의 전환이다.

하지만 기술이 아무리 정교해져도, 질문은 인간이 던져야 한다. 프롬프트는 단순한 입력값이 아니다. 그것은 세계를 보는 당신의 방식, 철학, 그리고 당신이 전달하고 싶은 감정의 언어다. 언어를 어떻게 다루느냐가 곧 영상의 정서를 결정한다.

앞으로의 제작자는 '기계처럼 정확한 사람'이 아니라, '사람처럼 추상적인 기계를 이해하는 사람'이어야 한다. 즉, 프롬프트를 설계하는 능력이 곧 창작 언어력이 된다.

우리는 이제 영상의 시대를 넘어, 언어로 영상을 빚는 시대에 살고 있다. 기술이 만든 장면에는 정확함이 있지만, 의미는 언제나 인간의 몫이다. 프롬프트 한 줄에 담긴 당신의 세계관이 영상의 감정을 결정한다. 텍스트 기반 영상 편집은 도구의 변화가 아니라 표현 방식의 진화다. 당신이 쓰는 문장이 곧 장면이 된다면, 영상 편집은 곧 글쓰기의 또 다른 형태다. 그리고 그 글은 오직 당신만이 쓸 수 있는 고유한 이야기로 이어져야 한다.

참고문헌

권유라(2025). 《한 번에 완성하는 AI 영상 제작 with 챗GPT+소라+브루》. 제이펍.

앤미디어(2023). 《챗GPT & AI 활용법》. 성안당.

채수창(2025). 《숏폼 영상 편집 제작 및 수익 창출 with 캡컷·생성형 AI》. 앤써북.

07
콘텐츠 목적에 따른 편집 전략

쇼츠 · 브이로그 · 인터뷰 · 온라인 강의 등
콘텐츠 목적별 편집 전략을 다룬다. 유형마다
리듬 · 컷 · 감정 설계가 달라지며, 좋은 편집은
정보 전달력과 몰입감의 균형에서 완성된다.

AI와 애니메이션?

알고리즘과 감정: AI 시대, 편집자는 무엇을 책임지는가?

AI는 리듬을 만들 수 있지만, 감정의 결은 인간만이 짚어낼 수 있다.

유튜브 쇼츠, 브이로그, 인터뷰, 온라인 강의

편집은 하나의 영상 기술이자 콘텐츠의 목적에 따라 달라지는 감정의 설계 방식이다. 같은 장면이라도 그것이 브이로그에 들어가면 '감성'이 되고, 인터뷰에 들어가면 '신뢰'가 되며, 쇼츠로 편집되면 '속도'가 된다. 편집자는 단순히 장면을 연결하는 사람이 아니다. 그는 콘텐츠가 무엇을 위해 존재하는지를 읽고, 그 목적에 따라 리듬과 흐름을 조율하는 전략가다. 콘텐츠는 목적이 다르고, 목적이 다르면 몰입의 방식도 달라진다. 따라서 각 콘텐츠 유형별 편집 전략은 다음과 같은 감정적 · 구조적 감각을 필요로 한다.

콘텐츠 유형별 리듬과 컷 전략

유튜브 쇼츠: 순간 몰입을 위한 압축의 기술

전략 키워드: 0.3초 시선 확보 / 3초 내 전환 / 15초 정점 설계

초반 1초는 말 그대로 '관문'이다. 섬네일이 아닌 첫 장면 그 자체가 메시지여야 한다. 빠른 줌인, 강렬한 텍스트, 질문형 자막, 익숙하지 않은 앵글 등은 초반 주목을 유도하는 데 효과적이다. 이후 35초 간격으로 리듬 전환, 10초 이후 몰입감 고조, 15~20초 사이에 감정의 절정을 배치한다.

사례 전략: 00초(눈을 사로잡는 시각적 장면) → 05초(전환 / 놀람 / 반전) → 15초(메시지 정리) → 18초(강렬한 마무리 이미지).

브이로그: 감정 리듬의 일기 편집

전략 키워드: 서정적 흐름 / 시선의 속도 / 공감의 여백.

브이로그는 정보보다 경험을 공유하는 콘텐츠다. 따라서 컷은 서술적 흐름보다는 감정 흐름에 따라 배치되어야 한다. 너무 많은 컷 전환은 몰입을 끊고, 너무 긴 정

지는 지루함을 유발한다. 적절한 여백과 간헐적 침묵은 감정을 더 깊게 만든다.

사례 전략: 음악 → 느린 숏 인트로 → 일상 컷 반복 → 대사 없는 장면 속 자연음 → 클로즈업으로 감정 연결 → 여운 있는 마무리.

인터뷰: 신뢰의 구조 만들기

전략 키워드: 표정 중심 컷 / 리액션의 적재적소 / 키워드 하이라이팅.

인터뷰는 말 자체가 메시지이자 콘텐츠다. 하지만 편집자는 그 말의 신뢰와 무게를 시청자가 온전히 받아들이도록 장면을 구성해야 한다. 핵심은 적절한 리듬 변화와 감정의 균형 유지다. 말이 길어질수록 리액션 컷을 삽입하거나, 시선을 분산하지 않는 자막 처리로 집중력을 유지시켜야 한다.

사례 전략: 주장(표정 클로즈업) / 근거(멀리서 보는 프레임) / 감정(리액션 컷 삽입) / 정리(자막 강조로 요약).

온라인 강의: 명료한 정보와 시선 설계

전략 키워드: 정보 집중 / 시각적 피로 최소화 / 시선의 일관성.

교육 콘텐츠에서 가장 중요한 것은 정보의 명료성이다. 불필요한 컷 전환, 움직임, 배경 음악은 오히려 학습에 방해가 된다. 자막은 최소화하되, 핵심 키워드는 고정 포인트에 반복 노출해야 한다. 시청자의 시선이 흐트러지지 않도록, 카메라의 위치, 자료의 배치, 강사의 동선 모두가 학습 몰입을 위해 설계되어야 한다.

> 사례 전략: 인트로(학습 포인트 명시) → 강의(중간중간 도표 · 그래픽 강조) → 요약(핵심 단어 시각 강조 + 자막 정리).

전달력과 몰입감의 균형 설계

모든 콘텐츠는 정보를 전달하면서도 감정적으로 관객을 이끌어야 한다. 문제는 두 축이 항상 충돌한다는 점이다. 전달력이 강할수록 몰입이 떨어지고, 몰입을 높이려고 할수록 정보가 흐려질 수 있다. 편집자는 두 질문을 동시에 던져야 한다.

"이 장면은 정보를 얼마나 정확히 전달하는가?"

"이 장면은 관객의 마음을 어떻게 붙잡고 있는가?"

좋은 편집은 이 두 질문 사이에서 균형을 이루는 예술이다. 쇼츠는 전달을 몰입 속에 녹여내야 하고, 인터뷰는 몰입을 전달력의 구조로 바꿔야 하며, 강의는 몰입을 통해 전달의 집중도를 높여야 한다. 모든 편집은 내용과 리듬, 정보와 감정, 구조와 감성 사이의 정교한 균형 설계다.

편집자는 기술자가 아니라 콘텐츠 전략가다. 그는 '이 장면이 어떻게 보일까'를 넘어, '이 장면이 왜 필요한가', '이 흐름이 목적에 맞게 설계되었는가'를 묻는 사람이다. 영상은 하나의 목적을 품고 태어난다. 그 목적을 시청자의 감정 안에 자연스럽게 녹여내는 것이 바로 편집자의 역할이다. 당신의 컷은 메시지의 구조이자 감정의 설계도다. 그리고 그 설계는 콘텐츠의 목적을 꿰뚫는 질문에서 출발한다.

참고문헌

권승태·장일(2021). 《디지털영상편집》. 한국방송통신대학교출판문화원.

지현이(2024). 《인공지능이 다 해주는 브루 Vrew 영상 편집》. 시프트.
채수창(2025). 《숏폼 영상 편집 제작 및 수익 창출 with 캡컷·생성형 AI》. 앤써북.

08
AI 편집 도구의 조합과 워크플로 설계

디스크립트, 런웨이, 픽토리 등 AI 편집 도구를 목적별로 조합해 시너지 있는 워크플로를 설계하는 법을 다룬다. 자동화로 반복을 줄이고, 인간은 감정과 흐름 설계에 집중해야 한다.

AI와 인재 채용?

기억은 감정으로 남는다: 장면의 여운을 설계하는 편집자의 미래

기억은 장면을 기억하지 않는다. 감정을 기억한다.

기능 간 시너지: 자막 + 음성 + 시각 효과

이제 편집 도구 하나만으로 완성되는 콘텐츠는 드물다. 진짜 강력한 결과물은 여러 도구의 기능이 '감정의 흐름' 안에서 만나 시너지를 낼 때 완성된다. 그 핵심은 '기능의 병렬'이 아니라, 감정과 전달력 중심의 통합적 조율이다. 예를 들어, 디스크립트(Descript)로 음성과 자막을 정제하고, 런웨이(Runway)에서 시각적 이펙트를 추가한 뒤, 픽토리(Pictory)로 전체 시퀀스를 자동 리듬에 맞춰 정리하는 식의 협업은 하나의 메시지를 다층적으로 조율한 결과물을 만들어 낸다.

> 조합 예시:
> 디스크립트: 대사 기반 흐름 정리 → 런웨이 : 감정 포인트마다 영상 효과 추가 → 캡컷: SNS 채널별 자막/비율 최종 조정.

이런 조합은 단순한 도구 나열이 아니라, 표현 층위 간

'호흡'을 맞추는 과정이다. 자막은 메시지를 명확히 하고, 음성은 감정을 이끌며, 시각 효과는 몰입의 속도를 조절한다. 즉, 이 세 요소는 편집의 '삼중주'다. 이를 정교하게 조율할 때 콘텐츠는 비로소 살아난다.

도구 조합 기반의 콘텐츠 제작 루틴

AI 도구를 조합할 때 가장 중요한 질문은 단 하나다. "내가 만들려는 콘텐츠는 무엇을 '전달하고자' 하는가?" 그 질문에 따라 도구의 순서와 기능 연결 방식은 달라진다. 아래는 콘텐츠 유형별로 최적화된 루틴 예시다.

정보 콘텐츠(강의, 브리핑 영상)

1단계: 스크립트 기반 텍스트 입력(픽토리, 디스크립트).

2단계: 핵심 용어 시각 강조(캔바, 캡컷).

3단계: 자막 자동 생성 및 정제[디스크립트, 서브타이틀 에디트(Subtitle Edit)].

4단계: 시각적 여백 조율 / 배경 음악 삽입[런웨이, 사운드로(Soundraw)].

감성 콘텐츠(브이로그, 브랜드 영상)

1단계: 감정 중심 컷 수집(런웨이 젠-2, 실제 촬영)

2단계: 감성 사운드 자동 추천[라우들리(Loudly), 에피데믹 사운드(Epidemic Sound AI)].

3단계: 컷 사이 리듬 구성(캡컷, 어도비 프리미어 프로).

4단계: 영상 필터, 색감 통일[런웨이, 브스코(VSCO)].

쇼츠/릴스 콘텐츠(SNS 바이럴용)

1단계: 대사 중심 클립 추출(와이즈컷, 디스크립트).

2단계: 자동 컷 편집 + 하이라이트 강조(픽토리).

3단계: 프레임 조정 + 화면 분할(캡컷).

4단계: 후킹 자막 + 전환 효과 삽입[런웨이, 모션 어레이(Motion Array)].

이처럼, 콘텐츠의 목적과 감정 구조에 따라 도구 조합의 루틴은 달라진다. 편집자는 기술을 나열하는 사람이 아니라, 리듬을 설계하는 지휘자다.

협업과 반복 업무를 줄이는 워크플로 설계법

편집자의 시간은 '창의성'에 써야 한다. 하지만 실제로 많은 시간은 자막 수정, 형식 전환, 채널별 최적화 같은 반복 업무에 소모된다. AI 편집 도구는 이 반복을 대체하고, 창의의 공간을 확보해 주는 시간의 조율 도구가 되어야 한다.

효율적 워크플로 설계 3원칙

자동화는 '초안'에 집중시켜라. 반복 업무를 처음부터 자동화하면, 감각은 '디자인'에 집중할 수 있다.

프롬프트 기반 결과는 '비평'의 도구로 활용하라. AI가 생성한 버전은 편집자의 전략을 되돌아보는 거울이 된다.

협업을 위한 '중간 결과 공유 포인트'를 명확히 하라. 디스크립트의 코멘트 기능, 픽토리의 프리뷰 공유는 피드백 중심 워크플로를 만든다.

실전 예시: 협업 워크플로

- 콘텐츠 기획자: 픽토리에 기사 입력 후 1차 영상 생성.
- 편집자: 자막 수정 + 리듬 조정(디스크립트, 캡컷).
- 디자이너: 브랜딩 요소 삽입(캔바).
- 마케터: 버전별 A/B 테스트 실행(런웨이 활용 섬네일 & 포맷 전환).

이런 워크플로는 단순한 자동화가 아니라, 팀 전체의 창의 에너지를 '의미 설계'에 집중시키는 구조다.

AI 도구는 기능이 아니라 관계다. 각 도구가 어디에서 어떤 감정을 맡고, 어떤 역할을 수행하는지를 이해할 때, 그 조합은 하나의 창작 오케스트라가 된다. 기술의 조합은 감정의 흐름을 정밀하게 설계하기 위한 도구일 뿐이다. 당신이 도구를 조합하고, 흐름을 설계하고, 팀을 이끄는 순간, 당신은 더 이상 단순한 편집자가 아니라 AI 시대의 연출자이자 설계자다.

참고문헌

김형진(2025). 《AI를 이기는 힘, 편집을 배워라》. W미디어.

채수창(2025). 《숏폼 영상 편집 제작 및 수익 창출 with 캡컷·생성형 AI》. 앤써북.

09
편집 윤리와 진실, 그리고 인간의 감각

AI 시대 편집의 윤리와 인간 감각을 다룬다.
딥페이크 · 저작권 등 진실 왜곡 위험 속에서
편집자는 영상의 의도와 감정을 선별하고,
영상의 진심을 묻는 책임자다.

AI와 기자?

딥페이크와 저작권 문제

기술은 진보하지만, 진실은 기술만으로 보장되지 않는다. 오늘날 생성형 AI는 현실과 구분하기 어려운 이미지를 만들어 내고, 기존 영상의 문맥을 왜곡하는 딥페이크 기술도 손쉽게 구현할 수 있다. 정치인의 연설 장면을 합성하거나, 유명인의 얼굴을 다른 맥락에 삽입하는 것이 이제는 몇 분 만에 가능해졌다. 이는 단순히 가짜 영상을 만드는 수준을 넘어, 현실을 대체하는 또 다른 '허구의 현실'을 만들어 낸다.

이러한 환경에서 편집자는 단순한 기술자가 아니라 의도를 선별하는 존재, 즉 윤리적 책임을 지는 주체로 거듭나야 한다. 어떤 장면을 보여 줄 것인가, 무엇을 삭제하거나 강조할 것인가에 따라 영상의 의미는 완전히 달라진다.

딥페이크의 위험은 단지 영상이 '거짓'일 수 있다는 데 그치지 않는다. 그 영상이 진짜보다 더 진짜처럼 느껴질 수 있다는 사실이 문제다. 관객은 기술적 정밀함에 현혹되어 사실과 허구를 구분하지 못할 수 있다. 그러므로 편집자는 "이 장면이 사실인가?"를 넘어 "이 장면은 무엇을 유도하는가?"라는 질문을 던져야 한다. 즉, 사실 여부보다 더 중요한 것은 그 장면이 어떤 감정과 판단을 불러일

으키는가 하는 점이다.

저작권의 복잡한 지형

저작권 문제 또한 단순한 법률적 논쟁을 넘어선다. ‘AI가 만든 콘텐츠의 원본은 누구에게 귀속되는가?’ ‘기존 창작물을 학습한 AI가 만든 결과물은 누구의 창작인가?’라는 질문은 점점 더 현실적인 과제가 되고 있다. 어떤 경우에는 법이 여전히 답하지 못하는 회색지대가 존재한다. 예를 들어, AI가 유명한 화가의 작품 수천 점을 학습한 뒤 생성한 새로운 그림은 과연 누구의 창작물인가? 그리고 이 그림을 상업적으로 사용할 수 있는가?

편집자는 단순히 법적 경계를 따르는 것에 그치지 않고, 윤리적 기준을 세우는 역할을 맡아야 한다. 법적으로 허용된다 해도, 그것이 창작자의 권리를 침해하거나 사회적 신뢰를 훼손한다면 사용을 재고해야 한다. 편집 윤리의 핵심은 진실을 보존하려는 의지다. 기술은 모든 것을 만들 수 있지만, 무엇을 만들 것인가는 인간만이 결정한다.

인간 감정의 조율자로서의 편집자

AI는 데이터로 감정을 ‘예측’하지만, 인간은 경험으로 감정을 '이해'한다. 편집자는 영상의 흐름을 통해 시청자의 내면을 설계하는 사람이다. 그가 다루는 것은 단순한 이미지의 배열이 아니라, 감정의 파동이다.

쇼츠의 리듬이 빠르다고 해서 모든 콘텐츠가 빨라야 하는 것은 아니다. 자극적인 컷이 일시적인 반응을 끌어낼 수는 있지만, 그것이 반드시 '공감'을 만드는 것은 아니다. 때로는 침묵과 정적이 더 큰 울림을 준다. AI가 제안하는 전형성 속에서 이상하고 낯선 것을 발견하고 선택할 줄 아는 편집자의 감각이 필요하다.

편집자는 감정의 설계자이자 윤리의 큐레이터다. 그는 단순히 감정을 유도하는 사람이 아니라, 어떤 감정을 유도할 것인가를 결정하는 사람이다. 그 선택이 영상의 철학을 규정한다.

사례: 선택의 무게

한 인터뷰 영상에서 인물이 말끝을 흐리며 눈시울을 붉히는 장면이 있다고 하자. 편집자는 그 장면을 클로즈업으로 반복 삽입할 수도 있고, 반대로 짧게 지나가게 할 수도 있다. 어떤 선택을 하느냐에 따라 그 콘텐츠는 감동이 될 수도 있고, 조작이 될 수도 있다. 반복 편집은 감정을 강조하지만 동시에 왜곡의 위험을 안고 있다. 이 경계를 판단하는 것은 기술이 아니라, 인간의 감수성과 책임감이다.

AI 시대에도 필요한 인간의 편집 감각 훈련

AI는 잘 만든다. 그러나 항상 비슷하게 만든다. AI가 제안하는 결과는 대체로 '예상 가능한 범주'에 머무른다. 반면 편집의 본질은 차별화다. 몰입의 순간을 설계하고, 감정의 리듬을 직조하며, 메시지의 밀도를 조율하는 것. 이 능력은 자동화로 얻어지지 않는다. 반복, 실험, 그리고 실패를 통해서만 쌓인다.

AI 시대의 편집 감각 훈련법

첫째, 비슷한 AI 편집본을 비교하라. 어떤 영상이 더 감정을 움직이는가? 왜 그런가? AI의 편집 로직은 무엇이고, 어디에서 단절이 일어나는가?

둘째, 같은 콘텐츠로 다르게 편집해 보라. 감정 중심 편집, 정보 중심 편집, 여백 중심 편집 등 편집의 시선을 바꿔 실험하라.

셋째, 사람에게 물어라. 감정은 데이터로만 확인되지 않는다. 누군가의 반응, 눈빛, 말 없는 침묵이 편집의 힌트가 될 수 있다.

기계는 항상 옳을 수 있지만, 감동은 오직 사람에게서만 나온다. 편집자의 감각은 AI가 대체할 수 없는 마지막 문장이다.

윤리와 감정의 교차점

기술은 빠르게 진보하고, 편집은 점점 자동화된다. 그러나 그 흐름 속에서도 여전히 중요한 질문은 "이 장면이 진짜인가?"가 아니라, "이 장면이 진심인가?"다. 딥페이크를 이기는 힘은 진실에 대한 믿음이고, 기계의 제안을 넘어서는 힘은 인간만의 질문이다.

윤리는 거창한 선언에서 시작되지 않는다. 그것은 편집자의 손끝에서 선택되는 사소한 컷 하나에서 시작된다. 인터뷰의 한숨을 남길 것인가, 지울 것인가. 침묵의 여운을 살릴 것인가, 덮어 버릴 것인가. 그 작은 선택들이 모여 작품의 진실성을 결정한다.

AI가 지금보다 훨씬 발전해도, 당신이 느끼는 그 감정의 떨림은 당분간은 기술로 만들어 낼 수 없다. 그리고 바로 그 떨림이 이 시대 편집자의 진짜 무기다.

참고문헌

김시열(2024). 《인공지능과 지식의 소유》. 커뮤니케이션북스.

씨익북스 편집부(2025). 《딥페이크: 현실과 허구의 경계》. 씨익북스.
양서윤(2024). 《딥페이크부터 AI 저작권까지, 과학을 말해요》. 개암나무.

10
AI 영상 마스터란?

AI 시대 편집자의 조건을 제시한다. 기술에 휘둘리지 않고 흐름과 감정을 설계하며, 윤리와 고유한 스타일, 데이터 · 실험 · 피드백을 통한 감각 훈련으로 의미 있는 영상을 만드는 사람이 진정한 AI 영상 마스터다.

AI와 미래 의사?

미래를 편집하는 사람들

유발 하라리는 "인공지능 시대, 정보를 가장 잘 활용하는 사람은 편집자"라고 말했다. 이는 단순히 신문이나 책의 문장을 다듬는 의미의 '편집자'가 아니라, 세상에 흩어진 정보를 수집 · 가공 · 재구성해 새로운 가치를 만들어 내는 사람을 뜻한다. 역사 속 지도자들 중 다수가 편집자적 사고와 능력을 갖추고 있었다는 사실은 결코 우연이 아니다.

지금 영상 제작 현장에서도 비슷한 일이 벌어지고 있다. 과거의 영상 편집 마스터는 카메라로 촬영된 소스를 다듬고, 컷을 이어 붙이며, 자막과 음악을 넣는 사람을 의미했다. 그러나 이제 생성형 AI의 등장은 게임의 규칙을 송두리째 바꾸고 있다. 미래의 영상 편집 마스터는 단순한 '편집자'가 아니라, AI를 통해 소스를 창조하고, 스토리텔링을 완성하는 'AI 영상 마스터'다.

AI 영상 마스터로의 진화

AI 영상 마스터는 카메라를 들기 전에 이미 세상의 모든 장면을 머릿속에서 시뮬레이션할 수 있다. 필요한 이미지를 생성하고, 대사를 AI 음성으로 구현하며, 환경 · 배경 · 조명까지 가상의 스튜디오에서 설계한다. 과거라면 수많은 예산과 인력이 필요했던 일이 이제는 한 사람의 창의성과 AI 도구만으로 가능하다.

그러나 도구가 아무리 발전해도 본질은 변하지 않는다. 스토리의 힘, 감정의 전달, 관객과의 공감, 이 세 가지는 기계가 아닌 창작자의 몫이다. AI는 '연필'일 뿐, 무엇을 쓸지는 인간이 결정한다.

지금 우리는 무엇을 준비해야 하는가?

기술을 두려워하지 말 것. 새로운 AI 편집 · 제작 툴을 직접 다뤄 보고, 사용 경험을 쌓아야 한다.

스토리텔링 능력을 기를 것. AI가 대신해 줄 수 없는 영역이 바로 '이야기'다.

멀티 스킬을 갖출 것. 촬영, 편집, 디자인, 사운드, 기획…. 한 가지 기술에만 의존하지 않는 것이 미래의 경쟁력이다.

AI와 협업하는 법을 익힐 것. AI를 부리는 '명령어' 작성 능력, 즉 프롬프트 작성력은 앞으로의 문해력이다.

초보자와 학생, 크리에이터에게

지금 영상을 시작하는 초보나 전공 학생, 그리고 크리에이터들은 한 가지를 명심해야 한다. AI가 만든 콘텐츠를 단순히 소비하는 사람이 아니라, AI를 통해 자기만의 이야기를 창조하는 사람이 돼라. 단순히 '편집'하는 사람은 곧 사라지겠지만, AI를 통해 무에서 유를 만들어 내는 'AI 영상 마스터'는 앞으로 수십 년간 가장 빛나는 직업군이 될 것이다. 미래는 이미 우리 앞에 와 있다.

이제 남은 질문은 하나다.

"당신은 AI를 도구로 쓸 것인가, 아니면 AI가 만든 세계의 관객으로 남을 것인가?"

편집자는 미래를 기록하는 사람이 아니라, 미래를 편집하는 사람이다. 그리고 그 미래는 지금 이 순간 당신의 손끝에서 시작된다.

AI 영상 마스터의 철학

기술에 휘둘리지 않고 기술을 설계하는 자

AI 도구가 편집의 대부분을 '자동화'할 수 있는 시대, 진짜 편집자는 기술을 단순히 사용하는 데 그치지 않는다. 그는 AI가 제공하는 효율성을 인정하면서도, 도구에 휘둘리지 않는다. 기계가 제안한 컷, 리듬, 자막 삽입 포인트를 무비판적으로 받아들이지 않고, '왜 이 컷이어야 하는가', '이 흐름이 영상의 핵심 감정을 제대로 전달하는가'라는 질문을 스스로 던지며 판단한다. AI가 만든 결과를 단순히 소비하지 않고, 자신의 의도를 실현할 수 있는 재료로 삼는다. AI는 '가능성'을 제공하지만, 그 가능성을 선택하고 구체화하는 것은 편집자의 몫이다. 즉, AI는 도구이자 협력자이며, 편집자는 그 도구를 연주하는 연주자다.

흐름을 읽고 감정을 구성하는 전략가

편집자가 갖춰야 할 기본 역량은 단순히 '장면을 연결하는 기술'이 아니다. 그것은 리듬과 감정의 흐름을 설계하는 전략적 안목이다. 어느 컷에서 감정이 고조되어야 하는가? 언제 공백이 여운을 남기는가? 속도를 늦춰야 할 시점과 반대로 극적 효과가 극대화되는 순간은 언제인가? AI는 영상 속 패턴을 분석하고 시청자 반응을 예측할 수 있지만, 어떤 리듬이 이야기의 맥락에 맞고, 어떤 감정의 파고가 메시지를 강하게 만드는지를 판단하는 것은 편집자의 몫이다. 편집자는 영상의 리듬에 대한 감각적 이해와 스토리텔링 전략가로서의 통찰을 동시에 지녀야 한다. 예를 들어 쇼츠 콘텐츠라면, 0~1초의 시각적 충격, 5초의 전환, 20초의 절정 구조까지 전체 흐름을 전략적으로 설계해야 한다. 마치 음악가가 선율을 배치하듯, 편집자는 컷을 배열하고 흐름을 조직한다.

진정한 편집자의 윤리와 감각

AI 시대의 편집은 그 힘이 더욱 거대해졌다. 영상 한 편이 대중의 생각을 바꾸고, 사회적 메시지를 전달하며, 문화적 트렌드를 만들어 낸다. 따라서 편집자는 단순한 기술자가 아닌, 문화적 책임을 지는 윤리적 주체여야 한다. 자극적인 컷을 과도하게 나열해 클릭률을 높이고, 감정적 조작으로 시청자를 끌어모을 수는 있다. 하지만 그런 방식은 빠르게 신뢰를 잃을 수 있다. 진정한 마스터는 "이 메시지를 왜 전달해야 하는가?", "예술적, 도덕적 책임은 무엇인가?"라는 질문을 끊임없이 자신에게 던진다. 이윤을 추구하더라도 정보 조작이나 과도한 자극 대신, 정직한 감정과 메시지의 전달을 선택해야 한다. 그 선택의 중심에는 언제나 '사람'이 있어야 한다. 시청자의 감정, 사회적 맥락, 문화적 역사. 편집자는 AI가 감지하지 못하는 복잡하고 미묘한 인간의 순간들을 포착하고 배려할 줄 알아야 한다.

실전에서 마스터의 기준은 무엇인가?

자기만의 편집 스타일 만들기: AI가 제안하는 스타일을 그대로 따르기보다는, 당신만의 개성과 감각이 드러나는 시그니처 스타일을 만들어야 한다. 예를 들어 자주 사용하는 색감, 컷 전환의 강도, 자막의 위치와 스타일 등이 그 요소다. 이런 스타일이 반복되면, 시청자는 "아, 이건 당신의 영상이구나" 하고 곧바로 인식하게 된다. 이것이 곧 당신의 브랜드가 된다.

데이터를 활용한 감각 훈련: 감각은 타고나는 부분도 있지만, 데이터를 통해 훈련될 수 있다. 오늘날 AI는 영상 데이터를 분석해 사람들이 언제 이탈하고, 어떤 장면에서 반응하며, 어떤 흐름이 유지율을 높이는지를 알려준다. 이 정보를 바탕으로 "어떤 컷이 몰입을 유도했는가?", "어디서 감정이 끊겼는가?"를 분석하라. 이처럼 데이터를 감각 훈련에 활용하면 점점 더 정교하고 효과적인 편집이 가능해진다.

AB 테스트로 감정 흐름 실험하기: 하나의 영상으로 만족하지 말고, 같은 내용으로 두세 가지 버전을 만들어 보자. 예를 들어 컷 순서를 달리하거나, 음악의 강약을 조절하거나, 자막의 스타일과 위치를 다르게 해보는 식이다. 그다음 실제로 사람들에게 보여 주고, 어떤 버전에 더 큰 반응이 나오는지 살펴보자. 이 과정을 통해 단순한 '감'이 아니라, 감정 흐름이 어떤 영향을 주는지 객관적으로 검증할 수 있다. 이런 반복 실험이 쌓이면, 당신의 편집 전략은 더욱 강력하고 섬세해질 것이다. 편집은 감각만으로 완성되는 예술이 아니라, 실험과 분석이 함께하는 전략이다.

리뷰와 피드백 받기: AI가 아무리 정교해져도, 인간의 감정과 시선을 대신할 수는 없다. 그러므로 반드시 사람에게 피드백을 받아야 한다. 편집에 능숙한 동료, 당신보다 경험이 많은 멘토, 또는 실제 타깃 시청자에게 보여주고 솔직한 반응을 들어 보자. 이 피드백은 때론 날카롭고 따갑지만, 그 안에는 AI가 줄 수 없는 공감과 통찰이 담겨 있다. 좋은 편집자는 혼자만의 세계에 갇히지 않고, 타인의 시선을 통해 끊임없이 자신의 감각을 조율해 나가는 사람이다.

당신이 AI 영상 마스터가 되는 여정

기술을 이해하라. AI 편집 툴의 기능, 추천 알고리즘, 자동화 흐름을 명확히 파악하라. 감각을 훈련하라. 다양한 영상, 장르, 리듬 스타일을 경험하며 의도적으로 편집 감각을 키워라. 윤리를 세워라. 메시지의 책임, 시청자에

대한 예의, 사회적 파장에 대한 고민을 놓치지 말라. 전략을 계획하라. 목표 시청자, 콘텐츠 유형, 메시지와 스타일이 일관되게 흐르도록 구조화하라. 실험하고 개선하라. 데이터를 기반으로 편집을 반복 테스트하고, 피드백 루프를 통해 스타일과 전략을 고도화하라.

마무리하며

AI가 편집의 많은 부분을 수행하는 시대에도, 진정한 마스터는 단순한 도구 사용자를 넘어선다. 기술이 제공하는 '가능성'을 뛰어넘어, 그 위에 당신만의 감각, 윤리, 전략을 덧입힐 수 있어야 한다.

당신이 편집을 통해 메시지를 만들고, 감정을 흐르게 하며, 몰입을 설계하는 존재라면 이미 당신은 AI 영상 마스터로서의 자격을 갖추고 있는 것이다. 이제 중요한 것은 지속적인 사유와 선택이다. 기술은 당신의 손에 있지만, 선택은 당신의 감각이 해야 할 일이다. AI 시대에 진정한 편집 철학을 세우고, 그 철학을 실행하는 존재, 그것이 바로 AI 영상 마스터다.

AI 영상 마스터의 콘텐츠 제작 원칙 7

책을 덮기 전에 반드시 마음속에 새기길 바란다.

1. 도구보다 스토리가 먼저다. AI 툴은 무궁무진하지만, 이야기가 없으면 그 어떤 장면도 힘을 잃는다.

2. 배우고, 실험하고, 기록하라. 새로운 기능과 기술을 알게 되면 곧바로 시도하고, 결과를 기록해 다음 작업에 반영한다.

3. AI와 대화하듯 프롬프트를 작성하라. 원하는 결과를 얻는 비밀은 '명확하고 창의적인 지시어'에 있다.

4. 멀티 스킬, 원 소스 멀티 유즈. 촬영, 편집, 디자인, 사운드, SNS 운영까지 하나의 아이디어를 다양한 채널과 포맷으로 확장한다.

5. 트렌드에 휩쓸리지 말고 흐름을 읽어라. 유행을 좇기보다 그 이면의 변화를 읽고, 본질적 방향성을 잡는다.

6. 감정을 데이터로, 데이터를 감정으로. AI가 분석한 정보를 사람의 마음을 움직이는 메시지로 변환하는 것이 진짜 실력이다.

7. 작게 시작하되 멈추지 말라. 완벽한 준비를 기다리지 말고, 오늘 가능한 한 컷부터 찍고, 편집하고, 업로드하라.

참고문헌

강정수(2024). 《AI 에이전트시대 경제의 주인이 바뀐다》. 더스퀘어.

김형석(2018). 《영화편집: 역사, 개념, 용어》. 아모르문디.
박태웅(2023). 《박태웅의 AI 강의》. 한빛비즈.
신성권 외(2022). 《10대라면 반드시 알아야 할 4차 산업혁명과 인공지능》. 팬덤북스.
유세문·정석현(2024). 《AI와 영상 제작》. 커뮤니케이션북스.
장세인(2024). 《AI를 활용한 쉬운 미디어 콘텐츠 제작하기》. 위메이크북.
조지은(2024). 《미래 언어가 온다》. 미래의창.
Harari, Y. N.(2024). *Nexus: A brief history of information networks from the stone age to AI.* Random House. 유발 하라리. 《넥서스》(2024). 김명주 옮김. 김영사.
Kaplan, J.(2024). *Generative artificial intelligence: What everyone needs to know.* Oxford University Press. 제리 카플란. 《생성형 AI는 어떤 미래를 만드는가》(2024). 정미진 옮김. 한스미디어.
Kissinger, H. A et al.(2021). *The age of AI: And our human future.* Little, Brown and Company. 헨리 키신저 외. 《AI 이후의 세계》(2023). 김고명 옮김. 윌북.
Pepperman, R. D.(2004). *The eye Is quicker. Film editing: Making a good film better.* Michael Wiese Productions. 리처드 페퍼먼. 《영화 편집, 눈보다 빠른 것은 없다》(2012). 선우윤학 옮김. 커뮤니케이션북스.

박인수

한국영상대학교 영상 편집제작학과 부교수다. 미시건주립대학교 텔레커뮤니케이션학 전공으로 디지털 미디어 아트 & 테크놀로지(Digital Media Arts & Technology) 석사 학위를 받았다. 2024년부터 본교 마이스터대학 영상 편집전공 석사과정 전공주임을 맡고 있다. 아세안 TVET 프로그램 인도네시아 교환학생 영상 편집 및 색 보정 수업 영어 강좌를 진행하고 있다(2024~2029년). 영상 편집 이론 및 실습 서적 《편집의 신(Scene)》(2023), 《AI와 넥스트 미디어》(2025)의 저자다. 2019년부터 전 세계 100여 개 대학교 영화영상대학이 소속된 국제학회 CILECT 위원으로 활동하고 있다. 2019년 우즈베키스탄 타슈켄트정보통신대학교(TUIT) 파견 교수로 현지 영상 전공 학부 수업을 담당했으며, 2014년에는 애플 파이널 컷 프로 10.1 공인 교재 번역을 수행했다.